Todos los libros de Linkgua Ediciones cuentan con modelos de Inteligencia Artificial entrenados por hispanistas. Pregúntale al chat de tu libro lo que desees acerca de la obra o su autor/a.

Para ebooks: Accede a nuestro modelo de IA a través de un enlace.

Para libros impresos: Escanea el código QR de la portada con tu dispositivo móvil.

Obtén análisis detallados de nuestros libros, resúmenes, respuestas a tus preguntas y accede a nuestras ediciones críticas generativas para una experiencia de lectura más enriquecedora.
La transparencia y el respeto hacia la autoría de las fuentes utilizadas son distintivos básicos de nuestro proyecto. Por ello, las respuestas ofrecen, mediante un sistema de citas, las fuentes con las que han sido elaboradas.

José María Blanco White

Costumbres húngaras

Barcelona 2025
Linkgua-ediciones.com

Créditos

Título original: Costumbres húngaras.

e-mail: info@linkgua.com

Diseño de cubierta: Michel Mallard.

ISBN rústica ilustrada: 978-84-9007-168-7.
ISBN ebook: 978-84-9897-862-9.

Sumario

Brevísima presentación

La vida

José María Blanco White (1775-1841). España.

Nació en Sevilla en 1775. Hijo del vicecónsul inglés Guillermo White. Fue canónico magistral en Cádiz y Sevilla y formó parte de la Academia de Letras Humanas (1793-1802). Tras una crisis espiritual marchó a Madrid, en donde trabajó en la Comisión de Literatos del Instituto Pestalozziano y luchó contra los franceses durante la ocupación.

Su ideología liberal le llevó a discrepar con la Junta Central; marchándose de España rumbo a Inglaterra en 1810, allí reinició sus estudios de inglés, su segunda lengua, y de griego. Fue profesor de la Universidad de Oxford y escribió crítica literaria en inglés y español publicada en *Variedades* o *El Mensajero de Londres* (1823-1825) publicación financiada por Rudolph Ackermann.

Murió en 1841 en Liverpool, Inglaterra.

Costumbres húngaras

Historia verdadera de un militar retirado, con una descripción de un viajito, río arriba en el Támesis

Los campos, en tanto que el calor de la juventud está dispuesto como el del vino nuevo a subirse a la cabeza, disponen a la alegría bulliciosa; pero, en la mitad del camino de la vida, la belleza campestre produce un placer que, en su apariencia exterior, pudiera equivocarse con la melancolía. ¡Oh, amigos de mi juventud, donde quiera que os haya echado la tormenta horrible que ha sumergido la España, si estos renglones llegaren a vuestras manos y os trajeren a la memoria los días que, a orillas del Guadalquivir y Manzanares, ahogábamos en el placer de la amistad y del campo la amarga sensación interna de la esclavitud española, sabed que, al cabo de tantos años, en el reposo de la edad que se inclina a la vejez y de la adusta experiencia que ha cortado las guías a las alas de la esperanza, vuestro amigo no puede pasar un día de verano en las márgenes deliciosas del Támesis sin que la imagen de los compañeros de su juventud le humedezca los ojos! ¿Por qué no están aquí?, digo entre mí. ¿Por qué, como yo, no rompieron, en tiempo, los grillos políticos con que el falso nombre de patria remacha las prisiones de los que nacen donde no se permite a los hombres tener voluntad ni opinión propia? Una esperanza generosa ha doblado sus prisiones. Quisieron hacer bien a un pueblo a quien el veneno de la superstición ha reducido al delirio y yacen a merced del despotismo y la ignorancia. ¿Hay acaso remedio para males como los de España? ¿Hay cura para el fanatismo arraigado por siglos?

Mala prueba, empero, va dando la pluma del reposo de que hablé al principio; pero, cuando una idea dolorosa se presenta repentinamente al ánimo, helado o duro por demás ha de ser el escritor que por medio de una digresión no dé suelta por un momento a sus afectos. Además, la historia que voy a contar es triste, y, como los recuerdos que me ocurrieron no lo son menos, tal vez servirán de preparar el oído, como los preludios de un mismo tono en la música. Volvamos, pues, al Támesis.

Un día de verano, en que el cielo incierto de Inglaterra había amanecido con el aspecto dulcísimo que a veces toma, dispuse valerme de uno de los barcos de vapor que en aquella estación suben diariamente, río arriba, desde la Torre de Londres hasta el hermoso pueblo de Richmond. Un vientecillo ligero del sudoeste daba a las aguas y las hojas el movimiento necesario, y no más, para quitar la quietud macilenta que toman las escenas campestres inglesas, en los días de calor y calma, a causa de la humedad de que abunda la atmósfera. A poco rato de esperar a la orilla, divertido con la escena de actividad que las cercanías de Londres presentan a todas horas, descubrí, por cima del torno inmediato, la columna movible de humo que indicaba la cercanía del barco; y en breve apareció, cortando majestuosamente las aguas, rodeado de la espuma que forman las aletas de las ruedas; en fin, con más apariencia de un monstruo marino que se mueve a discreción propia que de máquina inanimada a quien la ingeniosidad del hombre da impulso. Púseme en un bote pequeño y enderecé hacia el barco, que al momento refrenó el ímpetu con que iba, como si de modo propio se dispusiese a recibir la nueva carga. La subida cómoda y segura, la anchura de la cubierta rodeada de una baranda agraciada, la variedad de pasajeros, parte sentados, parte paseándose como por una gran sala, todos bien vestidos, todos de buen humor, aunque quietos, presentan al no acostumbrado un cuadro de la mayor novedad e interés. Pero nada llega a la variedad bellísima que halaga la vista, al paso que el barco se deja atrás a Londres. Aun antes de perder esta ciudad de vista, ella sola basta para excitar en la mente un enjambre de ideas y en el corazón un remolino de afectos. ¡Qué grandeza, qué poder, cuántas virtudes, cuántos vicios, qué acumulación de placeres, qué peso enorme de aflicción y dolor se encierran en aquel mar de casas, de que solo descubro la orilla! El hilo (si es que lo tienen) de estas ideas se rompe al acercarse al gran puente de Waterloo, cuyo igual no se ve en Europa. Se pasma la imaginación a hallarse surcando las aguas libremente bajo los arcos aplanados que dan paso al río, al ver la solidez de la estructura, la magnitud de los cantos de granito azulado y, más que todo, la aparente facilidad que la obra presenta después de acabada. Pero si los otros puentes pierden parte de su efecto sobre el espectador después de visto el de Waterloo, hacen, no obstante, que la admiración se aumente por su variedad y su número. El puente de hierro colado de Vauxhall, por la extrañeza de su material y construcción, admira al que lo ve de nuevo, y mucho más al que pasa debajo de él y observa la multitud y complicación de las barras que lo sustentan.

Pasado que se ha el Real Hospital de Chelsea, que da magnífico asilo a los inválidos del ejército, la escena toma el carácter mixto, ciudadano-campestre, que es propio de Inglaterra. Ambas orillas están salpicadas de casas y aun de pueblos pequeños. Pequeños, digo, en comparación de Londres, pues Hammersmith, por ejemplo, pasaría por villa de primer orden en otras partes. Abundan las casas de campo de gentes ricas a la margen del nobilísimo río, que, estrechándose poco a poco, gana en tranquilidad y belleza lo que pierde en raudales. Los jardines reales de Kew, el elegante puente de piedra que toma el nombre del pueblecito en que están los jardines, los edificios que descuellan aquí y allí, en todas direcciones, y parecen moverse con el rápido movimiento del barco, en fin, la multitud de árboles, especialmente sauces acopados, de las orillas, que dan a las aguas transparentes del río un verde esmeralda de la mayor pureza, transportan la imaginación a países encantados y la dejan atrás en sus más atrevidos vuelos. Mas ¿quién podrá describir las sensaciones internas que, entre tales objetos, causa la banda de música que a deshora rompe en ecos que, en la expansión del aire libre, pierden hasta la menor aspereza o disonancia? Una orquesta completa y arreglada daría al aficionado a música placeres de un orden más superior, más enlazados con el entendimiento, más coloreados con las fuertes tintas de las pasiones, pero en vano aspiraría a excitar el vivo, aunque suave, transporte que las vagas vibraciones de un arpa, acompañada de tres o cuatro instrumentos de viento, producen bajo un cielo plácido, toldado de ligerísimas nubes, en tanto que un bajel movido sin velas ni remeros se desliza por cima de mil imágenes de árboles, casas, Sol y nubes, que bailan ante los ojos, pintadas en el fondo del río.

Algún rato había pasado gozando en silencio esta escena, cuando entre los pasajeros descubrí a un conocido que, habiéndome visto casi al mismo tiempo, se dirigía hacia mí. Era éste un militar que, habiendo servido, aunque extranjero, en el ejército inglés con mucho honor y en dilatadas campañas, subió por su mérito a un grado muy alto en él. Los españoles, acostumbrados al uso constante de uniformes y distintivos, extrañarían que un oficial de tan alta graduación pudiese confundirse entre los pasajeros de un barco, sin llamar la atención por algún tiempo. Pero es menester que sepan que las costumbres inglesas no permiten la odiosa afectación de presentarse al público con distintivos de ninguna clase, a no ser para ir a palacio en días de besamanos o cuando los oficiales están de facción. Mi conocido (pues el poco trato que hasta entonces habíamos tenido no nos había aún hecho amigos) se sentó a mi lado, y desde entonces pasamos bastante parte del día en conversación agradable. A la vuelta, apenas pusimos pie en el barco, me dijo que su casa estaba tan cerca de la orilla del Támesis y de Londres que tendría mucho gusto en que desembarcásemos en sus inmediaciones y fuésemos juntos a tomar té en ella. Admití gustoso el convite y, antes de ponerse el Sol, me hallé en una casa adornada con gusto pero sin ostentación, asilo en que mi buen general, cargado más de dolencias contraídas en sus campañas que de años, pasaba la tarde de su vida en honrada quietud. Colocámonos en la sala principal, sin tener que pasar por nuevos cumplimientos a la entrada, porque, siendo soltero y sin parientes en Inglaterra, mi huésped vivía solitario. Estaba la sala, que era espaciosa, adornada con varios cuadros y curiosidades, muchas de ellas hechas por manos del general, hombre de habilidad e ingenio. Era dado a la música, y esta circunstancia contribuyó bien pronto a cierta intimidad, pues, siendo yo de los iniciados en este arte encantador, siempre he hallado en todos los verdaderos aficionados una especie de fraternidad masónica. Examiné los cuadros —planos de fortificaciones de que nada entendía—, vi sables e insignias de honor ganadas en el campo de la gloria que me hicieron bullir la sangre en el pecho; mas nada fijó mi atención sino un marco con cristal que encerraba una especie de mapa de relieve en que los objetos resaltaban de bulto, casas, montes y bosques. Admiré la destreza de la ejecución y el agradable efecto de la ilusión producida, pues, con poco esfuerzo de imaginación, se podía uno creer sobre algún alto cerro desde donde descubría a lo lejos y reducido por la distancia el pequeño territorio que el mapa representaba. Era éste un espacio de como una legua a la redonda, con una espaciosa casa de campo en el centro, un pequeño lago bajo el recuesto en que aparecía la casa y varias colinas que ondeaban el terreno en todas direcciones, coronadas algunas de pequeños bosques, y todas ellas con aspecto que indicaba ser aquel sitio un valle de país montañoso.

Viéndome mi amigo (tal nombre no será ya impropio, pues la afición mutua crecía) tan interesado en la escena rústica que tenía a la vista, dijo:

—Si supiera usted la historia de ese cuadro, creo que lo miraría aún con más ahínco.

—Mucho me alegraría de saberla —le respondí.

—A no parecer afectación en un anciano —contestó el general— hablar de sus primeros amores, se la contaría a usted toda. A la verdad, han tantos años que aconteció y tan del todo ha borrado la desgracia hasta las huellas de la familia que habitaba esa casa, que no puede haber inconveniente alguno en que yo cuente la triste aventura que me liga el corazón a ese sitio. Sentémonos, pues, y oiga usted la

Historia de un año en Hungría

—Mi padre era mayor al servicio de Austria, cuando teniendo yo solo seis años me llevó consigo a Malinas. Viome allí varias veces el arzobispo de aquella ciudad, conde de F., y, habiéndome tomado afición, propuso que fuese a educarme a Viena en casa de su hermana la condesa de S. hasta que hubiese una vacante en la Academia Militar. Mi padre aceptó alegre la oferta, sabiendo que bajo tal protección no podía yo dejar de hacer carrera. Llevâronme, en efecto, a Viena, donde me crié con el sobrino del arzobispo, quien, como todos sus parientes, personas de grande influjo, me cobraron amor y promovieron mi educación en el colegio.

»Aún no tenía más que el grado de teniente, cuando el gobierno me comisionó para tomar medidas trigonométricas en Hungría. Partí, acompañado de algunos soldados para el manejo de los instrumentos matemáticos y servido, como un príncipe, por los maestros de postas que, al oír el nombre de un militar comisionado por la corte, beben el viento por servirlo.

»No se necesita de esta recomendación para que un militar sea recibido con la mayor franqueza por las gentes ricas. La hospitalidad que reina en Hungría, la sencillez primitiva y pureza de costumbres que en el tiempo de que hablo conservaba el bello sexo aparecerán bien a las claras en la relación que voy a hacer. Al mismo tiempo se echará de ver cierta falta de instrucción y finura en los hombres, nacida del retiro en que su posición geográfica los hace vivir. Tal vez contribuya a retardar la civilización la variedad de lenguas que divide los habitantes. Solo una tercera parte de la población habla la lengua húngara; los demás están repartidos entre la alemana y la ilírica. Entre las gentes que tienen alguna educación es muy común hablar latín, y el extranjero que esté acostumbrado a usarlo familiarmente será entendido casi en todas partes. Otra de las causas que probablemente contribuyen al atraso de Hungría son ciertos privilegios nacionales que, aunque reducidos a mera sombra, ofrecen, no obstante, medios de intrigas y fomento de preocupaciones añejas. Tal es lo que llaman el Concejo de Comitat, en que anualmente se juntan los señores de cada provincia para tratar de los intereses municipales. Pero las operaciones de este cuerpo se reducen a convites y bailes, en tanto que los negocios quedan en manos y a discreción de los escribanos o secretarios, que son los únicos que, por lo general, entienden a las gentes del pueblo. Las clases inferiores, aunque envanecidas con sus antiguos privilegios y en especial con la hidalguía hereditaria, que es tan común como he oído que sucede en Asturias, están enteramente sumisas a los grandes señores y solo dicen lo que los escribanos les sugieren en nombre de ellos. Esta digresión será del caso para entender el pasaje más importante de mi historia.

»Joven militar y comisionado por el gobierno, no era posible que me faltase obsequio en Presburgo. Vino el Carnaval, en que se estila que la nobleza dé bailes públicos toda la temporada. Los usos del país, en este caso, son singulares. Si hay tropas de guarnición en la ciudad o se hallan en ella algunos militares de paso, reciben billetes de entrada sin procurarlos. Los directores hacen una lista de los convidados, y, si hay más hombres que mujeres para el baile, los primeros proponen nombres de señoritas conocidas, que se insertan en la lista; y solo esto basta para que los padres no puedan, sin impolítica, impedirlas de ir al baile.

»Empezaron los bailes, y, desde el primero, hice conocimiento con dos hermanas, llamadas las señoritas de P., jóvenes de gran belleza y modales amables. La mayor era diestra en el vals; la segunda, aficionada a contradanzas. Gustábanme las dos, pero mi afición a la mayor crecía de día en día. Pero ¿cómo había de pensar en fomentar o declarar un afecto que no podía conducir a término feliz? Un teniente sin caudal no podía ofrecer su mano a una joven con mejores esperanzas. Por tanto, llegado el último día, como yo no tenía conocimiento en casa de mi compañera, no pude menos que despedirme diciéndole:

—Hemos bailado ya el *kerahus* o conclusión, y en verdad que aquí acaba nuestra historia, pues ya no os veré más.

—De ningún modo —me respondió, con un candor indecible—; a no ser que queráis huir de nosotras. Todo está ya dispuesto para que visitéis en mi casa; mi padre sabe quien sois, y yo también estoy dispuesta en más de lo que pensáis. Así que, si queréis, mañana podéis ir a vernos.

»Semejante inocencia me ganó en un momento la parte del corazón que me quedaba libre, si es que todo él no había sido aprisionado mucho antes. Pero al mismo tiempo hice el más firme propósito de no abusar lo más mínimo del candor de mi amiga.

»Mi alojamiento estaba en el Castillo Imperial, que, dominando en sentido físico y militar la ciudad y el Danubio, presenta una de las vistas más hermosas de aquel reino. Pero desde que recibí esta cita hasta que, saltándome el corazón en el pecho, partí a hacer la esperada vista, Presburgo y el Danubio habían desaparecido a mis ojos. Apenas entré en la casa, cuando las dos hermanas se pusieron a mis lados y me llevaron de la mano a presentarme a su padre. Agitado como me hallaba, me vi tentado de risa a observar que el buen caballero me recibió, como si fuera obispo, echándome una bendición. Pregunté la causa de tan inusitada ceremonia y hallé en ella una prueba del estado de superstición e ignorancia de aquel país, pues el objeto de hacerme la cruz, como al diablo, era, me dijeron, evitar que mi venida a la casa fuese con mal agüero. ¡Ojalá que tal precaución hubiese sido efectiva, y que en lugar de una ceremonia supersticiosa hubiera dirigido al cielo un ruego capaz de obviar las desgracias que, sin culpa mía, llevaba a aquella familia con mi presencia!

»Continuaba visitando en la casa con la franqueza de un pariente cercano, cuando el padre me dijo un día:

—Amigo mío, tengo que pediros un favor. Mi mujer está algo indispuesta y me impide que vaya a mi hacienda de campo, como había intentado. Mis hijas saben manejar mis negocios tan bien como yo; pienso, pues, mandarlas en mi lugar, y os estimaría infinito que las acompañaseis.

»Semejante petición, de parte de un padre, en otros países parecería no menos desatinada que indecente; en Hungría se miraba sin la menor sospecha o censura. Acepté, por supuesto, la propuesta, confiado en mis sentimientos de honor y en la pureza de alma de las jóvenes a quienes iba a acompañar, que era bastante a contener en su deber a cualquiera que no fuese un monstruo. Ese valle que veis ahí representado fue la escena de un amor silencioso que no hubiera salido de mi pecho a no ser por la mala suerte que trataba de halagarme en falso para hacer más sensibles las desgracias que estaban preparadas para mí y, mucho más, para el inocente objeto de mi pasión.

»Por lo que hace a mi residencia con las dos hermanas, la alegría juvenil y chancera con que me trataban me hacía una especie de esclavo voluntario de entrambas. Un día que el padre vino a visitarnos, me halló a poca distancia de la casa diseñando el mapa de que después saqué ése de relieve. Encontróme sentado sobre la hierba, bajo un árbol, pero sin zapatos.

—¿Qué es esto, amigo? —me dijo—. ¿Queréis ahorrar el sueldo reservando el uso de zapatos para la ciudad?

—No, señor —le respondí—; mis zapatos están en poder de vuestras hijas, quienes me los embargan cuando intentan que no me separe de la hacienda.

»Rióse a carcajadas el buen hombre y, enseguida, quiso averiguar lo que estaba haciendo. Miró el mapa, mas tal era su ignorancia que no podía comprender su objeto. A fuerza de esfuerzos logré explicarle la representación de los objetos que tenía presente. Vio allí su casa, el lago, los montes y bosques, y quedó pasmado, teniéndome casi por brujo.

»La situación en que me hallaba, aunque en extremo agradable, no podía durar mucho sin que produjese una crisis, o tan feliz que no era ni para soñada o tan dolorosa que debía amargar el resto de mis días. Acercábase, en efecto, el tiempo en que era indispensable mi partida, y esto sin haber ni por insinuación propuesto mi enlace con la que ya era objeto de una pasión arraigada. Sumergido en estos pensamientos, la alegría que me animaba al principio de esta aventura se convirtió en un abatimiento que se aumentaba de hora en hora. En vez de proponer paseos y diversiones como al principio, me retiraba mecánicamente, y casi sin saber adónde iba, a la sombra de un árbol, con papel y lapicero, como si fuese a dibujar, pero al cabo de horas me hallaba que no había tirado una línea.

»Embebido en mis confusas ideas, una mañana me hallé de súbito con las dos hermanas, que lentamente se habían acercado por el bosquecillo en que me hallaba. Venían dadas del brazo, y la menor parecía ser la que guiaba; el objeto de mi amor echó una ojeada hacia donde yo estaba y tiró un poco atrás a su hermana, subiéndole el color a la cara. La más joven, rebosándole el rostro vida y alegría, opuso a este movimiento otro tirón más fuerte hacia mí, apretando con la mano izquierda la derecha de su hermana y diciéndole con tono de afectuoso enojo una o dos palabras que no pude entender. Dirigióse enseguida a mí y, con su acostumbrada viveza, me dijo:

—Vamos a cuentas, amiguito; en nuestra casa no se sufren melancolías. Dígame usted la causa de su tristeza, o, si no, le quitamos al punto los honores de nuestro caballero andante.

»Forzando al semblante una sonrisa, trataba de responder en chanza, pero faltáronme las palabras que intentaba. En lugar de ellas, se me escaparon quejas contra la suerte que preparaba nuestra separación de allí a pocos días.

—Conque, según eso —continuó la menor—, ¿sentís dejarnos?

—Sabe el cielo —contesté— que nada me puede ser más sensible.

—¿A entrambas igualmente?

»El bochorno que cubrió, desde la frente al cuello, a mi querida me cegó en un instante los ojos del miramiento y, tomando con ardor su mano y llevándola a mis labios, la solté al momento para coger entre las dos mías la derecha de la agraciada medianera.

—¡Muy bien está, señor mío! —dijo con afectada seriedad—. Ya veo que usted no me quiere a mí. Mas, como soy generosa, no quiero tomar venganza. Sabed, pues, tristísimo caballero, que yo he pedido a mi hermana para vos, y que solo tenéis que daros prisa a obtener el grado de capitán para lograr la incomparable dicha, el alto honor, etcétera, etcétera, de ser su marido. ¡Vaya el hombre: se nos ha convertido en estatua!

»Tal seguramente me sentí por algunos momentos.

—¿Es posible que no me engañéis? —dije, transportado.

—No, no te engaña, amigo mío —respondió mi adorada; y, arrojando los brazos al cuello de su hermana, le bañó el rostro con lágrimas agradecidas.

—¡Dichoso yo, mil veces dichoso! La condición de mi ascenso que se me impone se va a cumplir dentro de pocos días. Separémonos ahora, pues mis deberes militares lo exigen y, en breve, me veréis aquí, con mi otra charratela, a reclamar la promesa de la mano que adoro.

»En vano sería pintar la felicidad agitada de los días que antecedieron a la partida ni los afectos encontrados de la separación. Por lo que hace a mí, el horizonte de mi esperanza aparecía sin un celaje, hasta que, habiendo recibido mis amigas una carta de su padre mandándonos volver a la ciudad a causa de que esperaba por huésped al señor de S., la hermana menor me dijo:

—Ese señor es hombre que se me opone. Cuidado amigo mío, con no disgustarlo, porque mi padre no tiene más voluntad que la suya.

»Cierta sospecha me desasosegó al oír esto, pero, habiendo sacado en claro que el dicho hombre era casado, desapareció de mi imaginación todo recelo. Fuimos a la ciudad, y en breve fui presentado al gran personaje que venía por huésped. Hallé en él un hombre de entre cuarenta y cincuenta años, ignorante, pomposo y vano, con poquísima finura y mucha afectación de franqueza grosera. A no haber sido por miramientos debidos a la casa y a mis relaciones entabladas con la familia, le hubiera tal vez costado cara la muestra que nos dio un día de esta atrevida libertad de modales. Nos habíamos levantado de la mesa, y las señoras estaban asomadas a un balcón, cuando el señor S., acercándose sutilmente a mi amada, le echó un brazo a la cintura diciendo:

—¡Este tamaño ha de tener el talle de mi segunda mujer, cuando enviude!

»Hirvióme la sangre en las venas, pero la prudencia me contuvo y en breve olvidé al estúpido noble y su medida de esposas futuras.

»Nuestro apetecido enlace se hubiera verificado antes de mi partida si la promoción que esperaba de día en día no se hubiese detenido por una intriga desgraciada. Hice mención, al principio, del Concejo de Comitat, que se reúne todos los años en las provincias de Hungría. El de la que había sido por tiempo considerable mi residencia, movido por la emulación que reina entre los militares y paisanos, formó una especie de proceso contra mí, lleno de acusaciones falsas o infundadas que los escribanos sonsacaron a las gentes del pueblo. La más grave era que uno de mis soldados había, de mi orden, dado algunos palos a un hidalgo. La verdad del hecho es que, hallándome en un pueblo pequeño en que hasta los basureros son hidalgos, rompió un incendio, a que acudí con mis soldados. El magistrado principal, que estaba presente, me pidió auxilio para hacer que las gentes ayudasen a ahogar el fuego. La cobardía y resistencia de algunos de los presentes me obligaron a recurrir a la fuerza. Tal fue el cimiento de la acusación que detuvo al Concejo de Guerra en darme la capitanía, basta que, averiguado el caso, no solo me dieron mi ascenso sino que reprendieron severamente al Comitat. Pero el daño que resultó de esta tardanza, deteniendo mi casamiento, no había poder humano que pudiese repararlo.

»Procedí, por algunos meses, a lo restante de mi comisión, siempre festejado de cuantas gentes de forma vivían en la vecindad en que me hallaba. Pero la palabra vecindad necesita de explicación, hablando de Hungría. Por ejemplo, un coronel retirado a quien hallé en una casa donde me daban un convite me dijo que no permitiría que me separase de su vecindad sin ir a verlo. Lo que él llamaba vecindad era una distancia de treinta leguas. Es verdad que la excelencia de los caminos y la prontitud con que se ponen las remudas de cuatro caballos hacen que las distancias de esta clase sean insensibles.

»Habiendo aceptado este convite, hice mi arreglo para pasar algunos días en una casa, a lo que entonces sabía de ella, completamente desconocida para mí. Tomé mi silla de posta y, estando para concluir la jornada, vi dos hombres a caballo que, a galope, se acercaban. Apenas estuvieron a distancia de verme cuando volvieron la grupa y corrieron a rienda tendida. Vilos entrar en la casa como cinco minutos antes que yo llegase. Al punto que me acerqué a la puerta, salió un grupo de aldeanos y aldeanas a recibirme con instrumentos de música campestre, y la campana del castillo[1] empezó a repicar. Una dama vestida a la húngara se presentó en el porche alargándome la mano con muestras de antigua amistad. Mi sorpresa fue no menos grande que agradable al reconocer a una señora a quien desde mis primeros años había tratado en Viena. Habíase casado con el coronel que me convidó y, sabiendo ella que yo me hallaba donde estaba su marido, le escribió que insistiese en que le hiciera una visita, sin decirme que venía a ver a una amiga.

»Aunque con el corazón siempre donde estaba mi amada, los días pasaban para mí gustosamente en esta mansión agradable, donde todo me halagaba, todo sonreía a mi vista. Pero un día, en lugar de la carta acostumbrada de mi futura esposa, hallé una con sobre escrito de letra de su hermana.

1 En el sentido de la palabra francesa *chateau*, mansión señorial en el campo. (N. del A.)

Abríla agitado, temiendo que estaría enferma, cuando... la vista me faltó al leer la mitad de su contenido. El señor de S. había enviudado, no sin sospecha de haber apresurado la muerte de su mujer, y, al cabo de un mes de luto, había pedido a la que debía ser mía. Según me decía su hermana, la fortuna de su padre estaba pendiente de la voluntad de aquel hombre, que podía, y aun amenazaba, arruinarlo si no fomentaba su pretensión. A lo que entendí después el padre de mi desgraciada había aumentado su caudal negociando con los intereses de la caja militar que, como comisario, había tenido a su cargo —delito de Estado que no se perdona en Austria—. El señor de S. tenía en su poder papeles que probaban el hecho. Pero, volviendo a mi querida, la resistencia que hacía a la propuesta había irritado al padre, quien bárbaramente la había hecho encerrar en un castillo, cerca de Tirnau.

»Este golpe mortal disipó en un instante las visiones deliciosas de felicidad que hasta entonces se presentaban día y noche a mi imaginación exaltada. Mi amiga y huéspeda se esforzó cuanto pudo a consolarme; yo mismo procuraba mantener en vida mi amortecida esperanza, con la idea de que era imposible que un padre tan amante de una hija que lo adoraba tuviese corazón para sacrificarla. Mas, a pocos días, me llegó una carta de él mismo, suplicándome, por la afición que me había mostrado en el seno de su familia y si no quería verlos a todos sepultados en la indigencia, que escribiese a mi querida relevándola de la promesa que me había dado y poniéndola en libertad de contraer otro casamiento. Apenas leí esta carta cuando arrebatando la pluma, entre la indignación y la lástima, le incluí una carta para la infeliz en quien mi vida estaba cifrada, dándole la prueba más dolorosa y desinteresada de mi amor en la renuncia que hacía de su persona.

»La violencia que me hice al dar este paso causó más daño en mi salud que lo que yo imaginaba. Dejé la mansión de mi amiga de Viena para proseguir los trabajos de mi comisión. Y aquí tengo que describir otra escena de hospitalidad húngara que, aún después de las ya dichas, parecerá increíble a los que no la han experimentado. Mi primera jornada fue a un pueblecito en donde solo había una posada y una casa de campo de una familia noble. Dirigíme a la primera, como era regular, pero la patrona me dijo que tenía orden de no recibir a ningún oficial sino mandarlo a la casa de enfrente. Entré con mi carruaje en la casa, donde los criados me recibieron con atención; mas, al oír que solo la señorita estaba en casa, mandé al momento que me llevasen a otra parte. En esto se presentó una joven de bella presencia que, sin más ni más, dio orden a sus criados de desempaquetar mi zaga. Díjome que esperaba a sus padres de vuelta de un viaje corto aquella noche, pero, no habiendo llegado, ella sola hizo el agasajo debido a un huésped con la mayor gracia y modestia. Sabiendo que había de partir muy de mañana, no permitió que los criados preparasen mi almuerzo sin estar ella presente. Partí, sin saber cómo darle las cumplidas gracias. Pero bien pronto la fiebre que de día en día había ido apoderándose de mí me quitó enteramente el sentido. Al cabo de veinte días volví en mí y me hallé en cama, sin fuerzas para moverme. Reconocí a mis criados, de quienes supe que, cuando me acometió el delirio en la silla de posta, me volvieron a llevar al pueblo donde había dormido la noche anterior, que tanto la señorita como sus padres continuaron a mi cabecera hasta que, por falta de médico y por oír que de cuando en cuando nombraba a Tunfkirchen, me habían hecho conducir con el mayor cuidado a dicho pueblo, que era donde me hallaba.

»Recobré poco a poco las fuerzas, y durante mi convalecencia me llegó la patente de capitán, que a haber venido antes me hubiera hecho feliz y hubiera salvado la vida a la desgraciada que ya, a este tiempo, se hallaba en los odiosos brazos del bárbaro que la obligó a ser su mujer. Pasaron algunos meses, y, cuando menos lo esperaba, recibí una carta de la hermana menor, en que me decía que su hermana se hallaba a las puertas de la muerte, habiéndosele pegado la calentura de modo que los médicos la habían desahuciado, que su marido se había ausentado dejándola en tan deplorable situación y que la moribunda me suplicaba, por el amor que la había traído al último trance, que la viese antes de expirar y, en fin, que la entrevista se haría en presencia de su médico y su hermana para evitar los tiros de la maledicencia.

»Partí al momento. Llegué a la casa donde mi amiga, la madrina de mis desgraciados amores, salió a recibirme bañada en lágrimas. Pintar la escena que se verificó enseguida jamás me ha sido posible, aunque está grabada con colores de fuego en mi mente.

»Cinco meses después selló la muerte la separación que el egoísmo de un bárbaro había efectuado. Él mismo falleció en breve de resultas de sus excesos, y, como si hasta en la sepultura no pudiese dejar de perseguir a la infeliz familia cuya más preciosa joya había empañado con su brutal aliento, los papeles por miedo de los cuales forzó al padre a causar la ruina de su hija quedaron expuestos al examen del Gobierno —¡con tal vileza los había conservado hasta el fin, para dominar en la familia del suegro!—. Estos documentos condujeron al desdichado padre de mi querida a una cárcel. Confiscáronle sus bienes, murió su mujer de aflicción y su hija menor, la generosa amiga de mi juventud, tuvo que retirarse a un convento, desde donde me comunicó la muerte de su padre, quien no pudo sobrevivir a tantas calamidades.

»Por varios años continué recibiendo cartas de esta amable joven. De pronto cesó la correspondencia, y no tengo duda que la muerte desgajó la última rama de una familia a cuya sombra creí, en otro tiempo, que mi felicidad no conocería límites. Ved, amigo, los engaños de la esperanza humana en este anciano enfermo y solitario.»

Libros a la carta

A la carta es un servicio especializado para
empresas,
librerías,
bibliotecas,
editoriales
y centros de enseñanza;

y permite confeccionar libros que, por su formato y concepción, sirven a los propósitos más específicos de estas instituciones.

Las empresas nos encargan ediciones personalizadas para marketing editorial o para regalos institucionales. Y los interesados solicitan, a título personal, ediciones antiguas, o no disponibles en el mercado; y las acompañan con notas y comentarios críticos.

Las ediciones tienen como apoyo un libro de estilo con todo tipo de referencias sobre los criterios de tratamiento tipográfico aplicados a nuestros libros que puede ser consultado en Linkgua-ediciones.com.

Linkgua edita por encargo diferentes versiones de una misma obra con distintos tratamientos ortotipográficos (actualizaciones de carácter divulgativo de un clásico, o versiones estrictamente fieles a la edición original de referencia).

Este servicio de ediciones a la carta le permitirá, si usted se dedica a la enseñanza, tener una forma de hacer pública su interpretación de un texto y, sobre una versión digitalizada «base», usted podrá introducir interpretaciones del texto fuente. Es un tópico que los profesores denuncien en clase los desmanes de una edición, o vayan comentando errores de interpretación de un texto y esta es una solución útil a esa necesidad del mundo académico.

Asimismo publicamos de manera sistemática, en un mismo catálogo, tesis doctorales y actas de congresos académicos, que son distribuidas a través de nuestra Web.

El servicio de «libros a la carta» funciona de dos formas.

1. Tenemos un fondo de libros digitalizados que usted puede personalizar en tiradas de al menos cinco ejemplares. Estas personalizaciones pueden ser de todo tipo: añadir notas de clase para uso de un grupo de estudiantes, introducir logos corporativos para uso con fines de marketing empresarial, etc. etc.

2. Buscamos libros descatalogados de otras editoriales y los reeditamos en tiradas cortas a petición de un cliente.

Printed in Poland
by Amazon Fulfillment
Poland Sp. z o.o., Wrocław

69735782R00021